教皇フランシスコ
自発教令の形式による使徒的書簡

寛容な裁判官、主イエス

教会法典の婚姻無効訴訟の改正

〔羅和対訳〕

LITTERAE APOSTOLICAE MOTU PROPRIO DATAE

MITIS IUDEX DOMINUS IESUS

QUIBUS CANONES CODICIS IURIS CANONICI
DE CAUSIS AD MATRIMONII NULLITATEM DECLARANDAM REFORMANTUR

FRANCISCUS

カトリック中央協議会

目　次

教皇フランシスコ　自発教令の形式による使徒的書簡
寛容な裁判官、主イエス──教会法典の婚姻無効訴訟の改正　　　　5

第1節　管轄権のある裁判所とその他の裁判所　　　　15
第2節　婚姻無効訴訟権　　　　17
第3節　訴訟の提起と準備手続き　　　　19
第4節　判決及びその異議申し立てと執行　　　　21
第5節　司教の前での略式婚姻訴訟　　　　23
第6節　文書による訴訟　　　　27
第7節　本章の通則　　　　27

婚姻無効訴訟を扱うための手続き規則　　　　31
第1部　管轄権のある裁判所とその他の裁判所　　　　33
第2部　婚姻無効訴訟権　　　　35
第3部　訴訟の開始と準備手続き　　　　35
第4部　判決とその執行並びに判決への異議申し立て　　　　35
第5部　司教の前での略式婚姻訴訟　　　　37
第6部　文書による訴訟　　　　39

付　録
1　これまでに改訂された教会法条文　　　　42
2　『カトリック新教会法典』の羅語誤植の訂正　　　　45
3　『カトリック新教会法典』
　　　日本における教会法施行細則への追加事項　　　　46

教皇フランシスコ
自発教令の形式による使徒的書簡

寛容な裁判官、主イエス

教会法典の婚姻無効訴訟の改正

LITTERAE APOSTOLICAE MOTU PROPRIO DATAE

MITIS IUDEX DOMINUS IESUS

QUIBUS CANONES CODICIS IURIS CANONICI
DE CAUSIS AD MATRIMONII NULLITATEM DECLARANDAM REFORMANTUR

FRANCISCUS

Mitis Iudex Dominus Iesus, Pastor animarum nostrarum, Petro Apostolo eiusque Successoribus potestatem clavium concredidit ad opus iustitiae et veritatis in Ecclesia absolvendum; quae suprema et universalis potestas, ligandi nempe ac solvendi his in terris, illam Ecclesiarum particularium Pastorum asserit, roborat et vindicat, cuius vi iidem sacrum ius et coram Domino officium habent in suos subditos iudicium faciendi.[1]

Labentibus saeculis Ecclesia in re matrimoniali, nitidiorem adepta Christi verborum conscientiam, doctrinam sacri connubii vinculi indissolubilitatis profundius intellexit exposuitque, nullitatum matrimonialis consensus systema concinnavit atque processum iudicialem ad rem aptius ordinavit, ita ut ecclesiastica disciplina magis magisque cum veritate fidei, quam profitebatur, cohaereret.

Quae omnia facta semper sunt duce salutis animarum suprema lege,[2] quoniam Ecclesia, ut sapienter docuit Beatus Paulus PP. VI, divinum Trinitatis consilium est, ideoque omnes eius institutiones, utique semper perfectibiles, eo tendere debent ut divinam gratiam transmittant, atque christifidelium bono, utpote ipsius Ecclesiae fini essentiali, pro cuiusque munere ac missione, continenter faveant.[3]

---

1) Cf. Concilium Oecumenicum Vaticanum II, Const. dogm. *Lumen Gentium*, n. 27.

2) Cf. CIC, can. 1752.

3) Cf. Paulus VI, Allocutio iis qui II Conventui Internationali Iuris Canonici interfuerunt, diei 17 septembris 1973.

寛容な裁判官であり、わたしたちの魂の牧者、主イエスは、使徒ペトロと
その後継者らに、教会において正義と真理の務めを遂行するため、鍵の権能
をゆだねられました。この地上で結び・解く最高かつ普遍の権能が、部分教
会の牧者らの権能を主張し、確信し、また強くします。この権能に基づいて
部分教会の牧者らは、聖なる権利と主の群れに属する人々のために審理を行
うという主の面前での責務を持っています[1]。

　幾世紀にもわたる変遷の中で、教会は、婚姻の事案に関して、キリストの
ことばのより明確な認識を獲得しながら、聖なる婚姻の絆の不解消性につい
ての教えをより深く考察しかつ理解し、それを公布してきました。そして教
会の規律が、公言された信仰の真理とより一貫性をもつものとなるように、
婚姻の合意の無効に関する体系をまとめあげ、婚姻無効の裁判手続きがより
適切なものとなるよう秩序づけてきました。

　これらすべては、常に魂の救いという最高の法を基にして行われてきまし
た[2]。福者教皇パウロ六世が賢明に教えたように、教会は三位一体の神の計画
によるものであることから、そのすべての制度は、いまだ完全ではないが常
により完全になり得るものとして、それぞれが受けたたまものと使命に従っ
て、教会の基本的な目的である信者の善益のために、神の恵みを伝達するこ
とを目指すものでなければならないのです[3]。

---

1)　第二バチカン公会議『教会憲章』27 参照。

2)　（現行）『カトリック新教会法典』第 1752 条参照。

3)　教皇パウロ六世「第 2 回国際教会法学会の参加者への訓話」（1973 年 9 月 17 日）参照。

Cuius rei conscii decrevimus reformationem processuum de matrimonii nullitate suscipere, huncque in finem Coetum congregavimus Virorum, iuris doctrina, pastorali prudentia et forensi usu insignium, qui, sub moderamine Exc.mi Rotae Romanae Decani, rationem reformationis delinearent, in tuto utique posito principio vinculi matrimonialis indissolubilitatis. Alacriter operans, brevi tempore Coetus huiusmodi novae legis processualis adumbrationem concepit, quae ponderatae considerationi subiecta, vel cum aliorum peritorum auxilio, nunc in praesentibus Litteris transfunditur.

Salutis ergo animarum studium, quae – hodie sicut heri – institutionum, legum, iuris supremus finis manet, Romanum impellit Antistitem ad Episcopis hasce reformationis tabulas praebendas, quippe qui secum sint muneris Ecclesiae participes, unitatis nempe tutandae in fide ac disciplina de matrimonio, familiae christianae cardine et scaturigine. Alit reformationis studium ingens christifidelium numerus, qui conscientiae suae consulere cupientes ab Ecclesiae structuris iuridicis ob physicam vel moralem longinquitatem saepius arcentur; postulant igitur caritas et misericordia ut ipsa Ecclesia tamquam mater proximam se faciat filiis qui semet segregatos sentiunt.

Hunc in sensum evaserunt optata quoque maioris partis Fratrum Nostrorum in Episcopatu, in recenti extraordinaria Synodo adunatorum, iudicia agiliora ac faciliora accessu flagitantis.[4] Quibus optatis omnino consonantes, statuimus hisce Litteris dispositiones edere quibus non matrimoniorum nullitati, sed processuum celeritati faveatur non minus quam iustae simplicitati, ne, propter elongatam iudicii definitionem, fidelium sui status declarationem exspectantium dubii tenebrae diutine opprimant praecordia.

Quod fecimus vestigia utique prementes Decessorum Nostrorum, volentium causas nullitatis matrimonii via iudiciali pertractari, haud vero administrativa, non eo quod rei natura id imponat, sed potius postulatio urgeat veritatis sacri vinculi

4) Cf. Relatio Synodi, n. 48.

このことを自覚して、わたしは婚姻無効手続きの改革に着手することを決めました。ローマ控訴院長官の指導の下、婚姻の絆の不解消の教えを損なうことのない改革草案を準備するため、法律上の学識、また司牧的賢明さ、さらに裁判実務経験に秀でた人々からなるグループを作るよう命じました。このグループは、熱心に作業を行い、改革草案を作成して、他の専門家の協力を得て熟慮を重ね、それが今この「自発教令」に注ぎ込まれています。

したがって、昨日も今日も変わることのない、諸制度・法律・権利の最高の目的である魂の救いに配慮しかつ促され、ローマ司教であるわたしは、キリスト教的な家庭の基盤であり原点である婚姻に関して、その信仰と教えの一体性を守るためにこの改革の文書を、わたしと教会の任務を分かち合う司教たちに提供します。改革への意欲をかきたてたのは、多くの信徒が自己の良心に忠実でありたいと欲しながらも、あまりにもしばしば、現実にまたは道徳的理由のために、教会の法的な制度にあずかっていないという現実でした。そのため、いつくしみとあわれみは、教会そのものが、母親として、自分は教会から孤立してしまっていると考えている子どもたちの傍らにいることを求めています。

この意味で、前回の臨時世界代表司教会議に集まった、司教職におけるわたしの兄弟たちの過半数投票によって、婚姻問題解決の手続きがより迅速で利用しやすい手続きになるよう求められました[4]。わたしは、この司教たちの要望と完全に一致して、この自発教令によって、婚姻の無効化を助けるのではなく、少なくとも適切な簡易さをもった訴訟手続きの迅速化を助ける規定を導入することにしました。それは、裁判の判決が遅くなることによって、自らの立場が明らかになるまで待つことを余儀なくされている信徒たちが、疑念の暗闇に永い間苦しめられないようにするためです。

いずれにしてもわたしは、婚姻無効に関する手続きが、行政的な仕方によってではなく司法的な手続きによって扱われることを望んだわたしの前任者たちの足跡に従いました。それは事案の性質からではなく、むしろ聖なる婚

---

4) 世界代表司教会議（シノドス）第3回臨時総会「最終報告」第48項参照。

quammaxime tuendae: quod sane praestant ordinis iudiciarii cautiones.

Quaedam enitent fundamentalia criteria quae opus reformationis rexerunt.

I. – Una sententia pro nullitate exsecutiva. – Visum est, imprimis, non amplius requiri duplicem decisionem conformem pro matrimonii nullitate ut partes ad novas canonicas nuptias admittantur, sed sufficere certitudinem moralem a primo iudice ad normam iuris adeptam.

II. – Iudex unicus sub Episcopi responsabilitate. – Constitutio iudicis unici, clerici utique, in prima instantia Episcopi responsabilitati committitur, qui in pastorali exercitio suae iudicialis potestatis caveat ne cuilibet laxismo indulgeatur.

III. – Ipse Episcopus iudex. – Ut sane Concilii Vaticani II in quodam magni ponderis ambitu documentum ad effectum tandem ducatur, decretum est palam proferri ipsum Episcopum in sua Ecclesia, cuius pastor et caput constituitur, eo ipso esse inter christifideles sibi commissos iudicem. Exoptatur ergo ut in magnis sicut in parvis dioecesibus ipse Episcopus signum offerat conversionis ecclesiasticarum structurarum,[5] neque munus iudiciarium in re matrimoniali curiae officiis prorsus delegatum relinquat. Idque speciatim valeat in processu breviori, qui ad dirimendos casus manifestioris nullitatis stabilitur.

IV. – Processus brevior. – Namque, ordinario processu matrimoniali expeditiore reddito, efficta est quaedam processus brevioris species – praeter documentalem prout in praesentiarum vigentem –, in iis applicanda casibus in quibus accusata matrimonii nullitas pro se habet argumentorum peculiariter evidentium fulcimen.

4) 5) Cf. Franciscus, Adhort. apost. *Evangelii gaudium*, n. 27, in AAS 105 (2013), p. 1031.

姻の絆の真実を守るという必要性からなのです。そのことは実際に、裁判制度によって保証されているのです。

　この改革作業を導いたいくつかの基本的な判断基準は、以下に示すとおりです。

　1. 「単一の判決による婚姻無効の確証」――今後は、婚姻無効を確証する二段階の審級による判決を必要とはしません。当事者たちの新たな教会法上の婚姻が認められるには、法の規定に従い、裁判官が社会通念上の確信に至ることが一度確証されることで十分となります。

　2. 「司教の責任の下での単独裁判官」――単独裁判官は、聖職者の身分であることが求められ、第一審においては、その裁判官の働きの責任は司教に帰されます。司教は、司牧遂行にあたって自己の司法権を行使する際、いかなる裁判業務の落ち度も放置しないよう細心の注意を払わなければなりません。

　3. 「司教自身が裁判官」――自己に委ねられた教会の牧者でありまた頭でもある司教自身は、自分に託された信者たちの間における裁判官でもあるという第二バチカン公会議の重要な教えを実践に移すことができるように、明確に規定されました。そのため、教区の規模の大小にかかわらず、司教自身が、教会の制度の転換の見えるしるしを提供し[5]、婚姻の事案において司法的任務を教区の担当者に任せっきりにしないことが切望されます。それは、婚姻の無効が明白である案件を解決するために定められる「より簡略な手続き」に関して、特に切望されます。

　4. 「より簡略な手続き」――実際に、婚姻無効訴訟をこれまでより迅速化することの他に、現行の文書訴訟に加え、より簡略な手続きの形式が考案されました。これは、申請された婚姻の無効性が、特に明白な証拠によって支持される事案に対して適用されるものです。

---

5)　教皇フランシスコ使徒的勧告『福音の喜び』27 参照。

Nos tamen non latuit, in quantum discrimen ex breviato iudicio principium indissolubilitatis matrimonialis adduci possit; eum nimirum in finem voluimus ipsum Episcopum in tali processu iudicem constitui, qui in fide et disciplina unitati catholicae cum Petro ob suum pastoris munus quam qui maxime cavet.

V. – Appellatio ad Sedem Metropolitanam. – Appellatio ad Sedem Metropolitae restituatur oportet, quippe quod munus per saecula stabile, tamquam provinciae ecclesiasticae capitis, insigne perstat synodalitatis in Ecclesia.

VI. – Episcoporum Conferentiarum officium proprium. – Episcoporum Conferentiae, quas potissimum urgere debet apostolicus zelus in fidelibus pertingendis dispersis, officium praefatae conversionis participandae persentiant, et sartum tectumque servent Episcoporum ius potestatem iudicialem in sua particulari Ecclesia ordinandi.

Proximitatis inter iudicem et christifideles restauratio secundum enim exitum non sortietur, nisi ex Conferentiis singulis Episcopis stimulus una simul cum auxilio veniat ad reformationem matrimonialis processus adimplendam.

Una cum iudicis proximitate curent pro posse Episcoporum Conferentiae, salva iusta et honesta tribunalium operatorum mercede, ut processuum gratuitati caveatur et Ecclesia, generosam matrem se ostendens fidelibus, in re tam arcte animarum saluti cohaerente manifestet Christi gratuitum amorem quo salvi omnes facti sumus.

VII. – Appellatio ad Sedem Apostolicam. – Appellationem ad Apostolicae Sedis Tribunal ordinarium, seu Rotam Romanam, utique servari oportet, antiquissimo spectato iure, ita ut vinculum inter Petri Sedem et Ecclesias particulares confirmetur, cauto tamen in eiusdem appellationis disciplina ut quilibet

しかしながら、簡略化された手続きが、婚姻の不解消性の原理を危うくするのではないかという心配をわたしはぬぐい去ることができません。まさにこの理由から、わたしは、そのような裁判においては、司教自身が裁判官を務めることを決定しました。なぜなら司教は、自らに与えられた司牧の任務に基づいて、ペトロとともに、信仰と規律におけるカトリック教会の一致の最高の保証人だからです。

5.「管区大司教への上訴」——管区大司教への上訴を復活させることは有益です。なぜなら、その教会管区のかしらの職務は、幾世紀にもわたって揺るぎなく存続してきた、教会における司教たちの協働性の際立ったしるしだからです。

6.「司教協議会固有の責務」——とりわけ、司教協議会は、迷える信者たちを取り戻すことについて使徒的な渇望に突き動かされていなければならず、上述の転換をともにする責務を強く感じ取り、自己の部分教会において司法権を制度化するそれぞれの司教たちの、損なわれてはならない本来の権利を尊重しなければなりません。

実際、裁判官と信者たちとの間の近さを取り戻すためには、司教協議会から個々の司教たちに、婚姻無効訴訟の改革を実践していくための励ましと助力の両方が与えられなければ、成功を収めることはないでしょう。

裁判への近づきやすさに加え、司教協議会は、裁判所職員への正当かつ職務に見合った報酬は別として、可能な限り手続きそのものの無償性を保証しなければなりません。というのも、教会は、魂の救いにこれほど密接に結びついた事案において、信者たちに寛容な母親の姿を示し、それによってわたしたち皆が救われるキリストの無償の愛を示すように配慮しなければならないからです。

7.「使徒座への上訴」——いずれにしても、最古の裁判原理を尊重して、使徒座の通常の裁判所であるローマ控訴院への上訴制度を維持することは有

cohibeatur iuris abusus, neque quid salus animarum detrimenti capiat.

Rotae Romanae, autem, lex propria quam primum regulis reformati processus, quatenus opus sit, adaequabitur.

VIII. – Provisiones pro Ecclesiis Orientalibus. – Rationem demum habentes peculiaris Ecclesiarum Orientalium ecclesialis et disciplinaris ordinationis, statuimus accommodatas normas separatim hoc ipso die edere ad disciplinam matrimonialium processuum in Codice Canonum Ecclesiarum Orientalium innovandam.

Quibus omnibus mature consideratis, decernimus ac statuimus Libri VII Codicis Iuris Canonici, Partis III, Tituli I, Caput I De causis ad matrimonii nullitatem declarandam (cann. 1671-1691), inde a die VIII mensis Decembris anni MMXV, integre substitui prout sequitur:

Art. 1 - De foro competenti et de tribunalibus

Can. 1671 - § 1. Causae matrimoniales baptizatorum iure proprio ad iudicem ecclesiasticum spectant.

§ 2. Causae de effectibus matrimonii mere civilibus pertinent ad civilem magistratum, nisi ius particulare statuat easdem causas, si incidenter et accessorie agantur, posse a iudice ecclesiastico cognosci ac definiri.

Can. 1672 - In causis de matrimonii nullitate, quae non sint Sedi Apostolicae reservatae, competentia sunt:

1° tribunal loci in quo matrimonium celebratum est;

2° tribunal loci in quo alterutra vel utraque pars domicilium vel quasi-domicilium habet;

3° tribunal loci in quo de facto colligendae sunt pleraeque probationes.

益です。その上訴の規定は、ペトロの座と部分教会との間の絆が強められるためのものです。その上訴の際、魂の救いに害が及ばないために、いかなる権利の濫用も入り込まないよう配慮しなければなりません。

ローマ控訴院の固有法は、必要な範囲で、できるだけ早く、改革された裁判規則に適合されるものとします。

8.「東方教会のための見通し」——最後に、東方教会の独自の教会秩序と規律を考慮して、この同じ日に、わたしは東方教会法典における婚姻訴訟の規律を改革する規範を、これとは別に発布することを定めました。

すべて時宜を得て考察したうえで、わたしは教会法典の第7集第3巻第1部第1章の婚姻無効訴訟の各条文(第1671条—第1691条)を、2015年12月8日から以下の各条文に全面的に置き換えることを定め、またこれを命じます。

第1節　管轄権のある裁判所とその他の裁判所

第1671条　(1) 受洗者の婚姻訴訟に対しては、教会の裁判官が固有権を有する。

(2) 婚姻の国家法上のみの効力に関する訴訟は国権に属する。ただし、局地法によって、当該訴訟が中間的かつ付帯的に扱われる場合、教会の裁判官が審理し判定できると定める場合はこの限りではない。

第1672条　使徒座に留保されていない婚姻無効訴訟については、次の裁判所が管轄権を有する。

1. 婚姻挙式地の裁判所。
2. 当事者の一方又は双方が住所又は準住所を有する地の裁判所。
3. 事実上、証拠の大部分が収集される地の裁判所。

Can. 1673 - § 1. In unaquaque dioecesi iudex primae instantiae pro causis nullitatis matrimonii iure expresse non exceptis est Episcopus dioecesanus, qui iudicialem potestatem exercere potest per se ipse vel per alios, ad normam iuris.

§ 2. Episcopus pro sua dioecesi tribunal dioecesanum constituat pro causis nullitatis matrimonii, salva facultate ipsius Episcopi accedendi ad aliud dioecesanum vel interdioecesanum vicinius tribunal.

§ 3. Causae de matrimonii nullitate collegio trium iudicum reservantur. Eidem praeesse debet iudex clericus, reliqui iudices etiam laici esse possunt.

§ 4. Episcopus Moderator, si tribunal collegiale constitui nequeat in dioecesi vel in viciniore tribunali ad normam § 2 electo, causas unico iudici clerico committat qui, ubi fieri possit, duos assessores probatae vitae, peritos in scientiis iuridicis vel humanis, ab Episcopo ad hoc munus approbatos, sibi asciscat; eidem iudici unico, nisi aliud constet, ea competunt quae collegio, praesidi vel ponenti tribuuntur.

§ 5. Tribunal secundae instantiae ad validitatem semper collegiale esse debet, iuxta praescriptum praecedentis § 3.

§ 6. A tribunali primae instantiae appellatur ad tribunal metropolitanum secundae instantiae, salvis praescriptis cann. 1438-1439 et 1444.

Art. 2 - De iure impugnandi matrimonium

Can. 1674 - § 1. Habiles sunt ad matrimonium impugnandum: 1° coniuges; 2° promotor iustitiae, cum nullitas iam divulgata est, si matrimonium convalidari nequeat aut non expediat.

§ 2. Matrimonium quod, utroque coniuge vivente, non fuit accusatum, post mortem alterutrius vel utriusque coniugis accusari non potest, nisi quaestio de validitate sit praeiudicialis ad aliam solvendam controversiam sive in foro canonico sive in foro civili.

第1673条 （1）法が明白に除外していない限り、各教区において婚姻無効訴訟の第一審裁判官は教区司教である。教区司教は、法の規定に従い、自ら又は他者をとおして裁判権を行使する。

（2）司教は、その教区に、婚姻無効訴訟のための教区裁判所を設立すべきである。ただし、近隣の他教区の裁判所、又は諸教区合同裁判所と合同するという司教自身が持つ権限を妨げない。

（3）婚姻無効訴訟は、3名の合議制裁判官に留保される。これは聖職者の裁判官が長とならなければならず、残りの裁判官には信徒もなることができる。

（4）裁判所担当司教は、自教区において、又は前第2項に基づく近隣の他教区裁判所もしくは諸教区合同裁判所においても、合議制裁判所を設立できない場合、訴訟を聖職者の単独裁判官に委任する。可能な所では、誠実な生活をし、法律又は人文科学に精通して、司教からこの任務に認められた者2名を陪席補佐人として採用する。同じ単独裁判官は、別様のことが判明しない限り、合議制裁判官、裁判長又は報告官に付与される任務を担う。

（5）第二審裁判所は、有効性のために前第3項の規定に従い、常に合議制でなければならない。

（6）第1438条、第1439条及び第1444条の規定を妨げないが、第一審裁判所は第二審の管区裁判所に上訴する。

第2節　婚姻無効訴訟権

第1674条 （1）婚姻無効訴訟権を有する者は次のとおりである。

1. 配偶者。

2. 無効であることが既に公然となっていて、婚姻の有効化が不可能、又は無益である場合には、公益保護官。

（2）配偶者双方の生存中に婚姻に関する訴訟が提起されなかった場合、一方又は双方の死後、これを提起することはできない。ただし、教会裁判所又は国家の裁判所で他の係争問題の解決のために、婚姻の有効性についての疑問をまず解決しなければならない場合はこの限りではない。

§ 3. Si autem coniux moriatur pendente causa, servetur can. 1518.

Art. 3 - De causae introductione et instructione

Can. 1675 - Iudex, antequam causam acceptet, certior fieri debet matrimonium irreparabiliter pessum ivisse, ita ut coniugalis convictus restitui nequeat.

Can. 1676 - § 1. Recepto libello, Vicarius iudicialis si aestimet eum aliquo fundamento niti, eum admittat et, decreto ad calcem ipsius libelli apposito, praecipiat ut exemplar notificetur defensori vinculi et, nisi libellus ab utraque parte subscriptus fuerit, parti conventae, eidem dato termino quindecim dierum ad suam mentem de petitione aperiendam.

§ 2. Praefato termino transacto, altera parte, si et quatenus, iterum monita ad suam mentem ostendendam, audito vinculi defensore, Vicarius iudicialis suo decreto dubii formulam determinet et decernat utrum causa processu ordinario an processu breviore ad mentem cann. 1683-1687 pertractanda sit. Quod decretum partibus et vinculi defensori statim notificetur.

§ 3. Si causa ordinario processu tractanda est, Vicarius iudicialis, eodem decreto, constitutionem iudicum collegii vel iudicis unici cum duobus assessoribus iuxta can. 1673, § 4 disponat.

§ 4. Si autem processus brevior statutus est, Vicarius iudicialis agat ad normam can. 1685.

§ 5. Formula dubii determinare debet quo capite vel quibus capitibus nuptiarum validitas impugnetur.

Can. 1677 - § 1. Defensori vinculi, partium patronis et, si in iudicio sit, etiam promotori iustitiae ius est:

1° examini partium, testium et peritorum adesse, salvo praescripto can. 1559;

（3）訴訟の継続中に配偶者の一方が死亡した場合には、第 1518 条の規定が順守されなければならない。

第 3 節　訴訟の提起と準備手続き

第 1675 条　訴訟を受理するに先立って、裁判官は、夫婦の共同生活を再建できないほど婚姻が破綻し、修復できないと確信していなければならない。

第 1676 条　（1）訴状を受け取った後、法務代理は、訴えが何らかの根拠に基づくと認めたならば、それを受理し、訴状自体の末尾に決定を付加し、絆の保護官に訴状の写しを配布し、当事者双方が訴状に署名していない限り、相手当事者に、訴えに対する自分の考えを 15 日以内に表明するよう定める。

（2）前述の期限が経過し、他方当事者に自分の考えを示すよう再度の通告をした後、絆の保護官の意見を聴いたうえで、法務代理は自己の決定書によって争点の定式を定め、適切であると判断する場合には、訴訟が通常の手続きによって扱われるべきか、あるいは第 1683 条から第 1687 条の意向に従った略式手続きによって扱われるべきかを定めなければならない。この決定書は、両当事者及び絆の保護官に直ちに知らされなければならない。

（3）訴訟が通常の手続きで扱われる場合、法務代理は、同じ決定書によって、合議制裁判官を任命するか、又は第 1673 条第 4 項に従い 2 名の陪席補佐人を伴う単独裁判官を任命する。

（4）また、略式手続きが採用された場合、法務代理は第 1685 条に従ってこれを進める。

（5）争点は、いかなる理由によって、婚姻の有効性が争われているかを確定しなければならない。

第 1677 条　（1）絆の保護官、両当事者の訴訟代理人、並びに、もし裁判に加わっている場合には公益保護官にも次の権利がある。

1. 両当事者、証人及び鑑定人の尋問に立ち会うこと。ただし、第 1559 条の規定を害してはならない。

2° acta iudicialia, etsi nondum publicata, invisere et documenta a partibus producta recognoscere.

§ 2. Examini, de quo in § 1, n. 1, partes assistere nequeunt.

Can. 1678 - § 1. In causis de matrimonii nullitate, confessio iudicialis et partium declarationes, testibus forte de ipsarum partium credibilitate sustentae, vim plenae probationis habere possunt, a iudice aestimandam perpensis omnibus indiciis et adminiculis, nisi alia accedant elementa quae eas infirment.

§ 2. In iisdem causis, depositio unius testis plenam fidem facere potest, si agatur de teste qualificato qui deponat de rebus ex officio gestis, aut rerum et personarum adiuncta id suadeant.

§ 3. In causis de impotentia vel de consensus defectu propter mentis morbum vel anomaliam naturae psychicae iudex unius periti vel plurium opera utatur, nisi ex adiunctis inutilis evidenter appareat; in ceteris causis servetur praescriptum can. 1574.

§ 4. Quoties in instructione causae dubium valde probabile emerserit de non secuta matrimonii consummatione, tribunal potest, auditis partibus, causam nullitatis suspendere, instructionem complere pro dispensatione super rato, ac tandem acta transmittere ad Sedem Apostolicam una cum petitione dispensationis ab alterutro vel utroque coniuge et cum voto tribunalis et Episcopi.

Art. 4 - De sententia, de eiusdem impugnationibus et exsecutione

Can. 1679 - Sententia, quae matrimonii nullitatem primum declaravit, elapsis terminis a cann. 1630-1633 ordinatis, fit exsecutiva.

Can. 1680 - § 1. Integrum manet parti, quae se gravatam putet, itemque promotori iustitiae et defensori vinculi querelam nullitatis sententiae vel appellationem contra eandem sententiam interponere ad mentem cann. 1619-1640.

§ 2. Terminis iure statutis ad appellationem eiusque prosecutionem elapsis

2．公表前においても、裁判記録を閲覧し、両当事者が提出した文書を確認すること。

（2）前項第1号にいう尋問には、相手当事者は立ち会うことができない。

第1678条　（1）婚姻無効訴訟においては、裁判上の告白と両当事者の供述、及び両当事者の信用性について支持する証言は、それらを打ち消す要素がない限り、すべての状況証拠と補足証拠とを考慮して、裁判官によって評価され十分な挙証能力を持つことができる。

（2）同じ訴訟において、資格がある証人が職務上扱った事柄を述べる場合、あるいは事物と関係者の状況が示唆を与える場合、1名のみの証人の陳述に十分な信ぴょう性を与えることができる。

（3）交接不能あるいは精神疾患又は心理的原因に基づく異常による婚姻同意の欠如についての訴訟では、状況からして無益であることが明白でない限り、裁判官は1名又は複数の専門家による鑑定を用いなければならない。その他の訴訟では、第1574条の規定を順守しなければならない。

（4）訴訟の準備手続きにおいて、未完成婚の大きな疑いが生じるときはいつでも、裁判所は、両当事者の意見を聴いたうえで、無効訴訟を中断し、認証婚免除のための準備手続きを補完してから、訴訟記録に配偶者の一方又は両方からの免除請求を、裁判所及び司教の意見を添えて使徒座に送付することができる。

第4節　判決及びその異議申し立てと執行

第1679条　婚姻無効を最初に宣言した判決は、第1630条から第1633条に定められた期間の経過後、執行決定となる。

第1680条　（1）自己の利益が害されたと考える当事者、並びに公益保護官及び絆の保護官には、判決無効の訴え、及びその判決に対する上訴を、第1619条から第1640条の規定に従って提起する権利がある。

（2）上訴及びその継続のための法定期限が経過し、上級審裁判所が訴訟記

atque actis iudicialibus a tribunali superioris instantiae receptis, constituatur collegium iudicum, designetur vinculi defensor et partes moneantur ut animadversiones, intra terminum praestitutum, proponant; quo termino transacto, si appellatio mere dilatoria evidenter appareat, tribunal collegiale, suo decreto, sententiam prioris instantiae confirmet.

§ 3. Si appellatio admissa est, eodem modo quo in prima instantia, congrua congruis referendo, procedendum est.

§ 4. Si in gradu appellationis novum nullitatis matrimonii caput afferatur, tribunal potest, tamquam in prima instantia, illud admittere et de eo iudicare.

Can. 1681 - Si sententia exsecutiva prolata sit, potest quovis tempore ad tribunal tertii gradus pro nova causae propositione ad normam can. 1644 provocari, novis iisque gravibus probationibus vel argumentis intra peremptorium terminum triginta dierum a proposita impugnatione allatis.

Can. 1682 - § 1. Postquam sententia, quae matrimonii nullitatem declaraverit, facta est exsecutiva, partes quarum matrimonium declaratum est nullum, possunt novas nuptias contrahere, nisi vetito ipsi sententiae apposito vel ab Ordinario loci statuto id prohibeatur.

§ 2. Statim ac sententia facta est exsecutiva, Vicarius iudicialis debet eandem notificare Ordinario loci in quo matrimonium celebratum est. Is autem curare debet ut quam primum de decreta nullitate matrimonii et de vetitis forte statutis in matrimoniorum et baptizatorum libris mentio fiat.

Art. 5 - De processu matrimoniali breviore coram Episcopo

Can. 1683 - Ipsi Episcopo dioecesano competit iudicare causas de matrimonii nullitate processu breviore quoties:

1° petitio ab utroque coniuge vel ab alterutro, altero consentiente, proponatur;

2° recurrant rerum personarumque adiuncta, testimoniis vel instrumentis

録を受理すると、合議制裁判官が設置され、絆の保護官が指名され、両当事者はあらかじめ定められた期間内に意見書を提出するよう勧告される。期間の経過後、合議制裁判所は、上訴が明らかに遅延させるためのものと判明したならば、第一審判決を自己の決定書によって認証しなければならない。

（3）上訴が認められたならば、必要な適応を行ったうえで、第一審と同じ方式に従い、更に手続きを進めなければならない。

（4）上訴審において、婚姻無効の新たな訴因が申し立てられた場合、裁判所は第一審として受け入れ、これについて審議することができる。

第 1681 条　執行判決※訳注が出されたとしても、第 1644 条の規定に従い、いつでも第三審裁判所に上告できる。その際、不服申し立てを行ってから 30 日の有効期間内に、訴訟に関する新しくまた重大な証拠あるいは論拠を提出しなければならない。

第 1682 条　（1）婚姻無効を宣言した判決が執行判決となった後、婚姻が無効と宣言された当事者たちは、判決自体に禁止が付加されるか、又は地区裁治権者によって禁止されない限り、新たな婚姻を結ぶことができる。

（2）判決が執行判決となると、法務代理は、直ちに婚姻が挙式された地の裁治権者にその旨を通知しなければならない。同裁治権者は、可及的速やかに、婚姻無効の決定、及び禁止条項が付加された場合にはそれも、婚姻台帳及び洗礼台帳に記入するよう手配しなければならない。

第 5 節　司教の前での略式婚姻訴訟

第 1683 条　次の場合はいつでも教区司教自身が婚姻訴訟を略式で審議することができる。

1. 両配偶者、あるいは他方が同意したうえでその一方から訴えが提起されており、

2. 事実と人の状況から、より詳細な調査や尋問を必要とせず、無効性を明らかにする証言又は証拠に裏付けられる場合。

suffulta, quae accuratiorem disquisitionem aut investigationem non exigant, et nullitatem manifestam reddant.

Can. 1684 - Libellus quo processus brevior introducitur, praeter ea quae in can. 1504 recensentur, debet:

1° facta quibus petitio innititur breviter, integre et perspicue exponere;

2° probationes, quae statim a iudice colligi possint, indicare; 3° documenta quibus petitio innititur in adnexo exhibere.

Can. 1685 - Vicarius iudicialis, eodem decreto quo dubii formulam determinat, instructore et assessore nominatis, ad sessionem non ultra triginta dies iuxta can. 1686 celebrandam omnes citet qui in ea interesse debent.

Can. 1686 - Instructor una sessione, quatenus fieri possit, probationes colligat et terminum quindecim dierum statuat ad animadversiones pro vinculo et defensiones pro partibus, si quae habeantur, exhibendas.

Can. 1687 - § 1. Actis receptis, Episcopus dioecesanus, collatis consiliis cum instructore et assessore, perpensisque animadversionibus defensoris vinculi et, si quae habeantur, defensionibus partium, si moralem certitudinem de matrimonii nullitate adipiscitur, sententiam ferat. Secus causam ad ordinarium tramitem remittat.

§ 2. Integer sententiae textus, motivis expressis, quam citius partibus notificetur.

§ 3. Adversus sententiam Episcopi appellatio datur ad Metropolitam vel ad Rotam Romanam; si autem sententia ab ipso Metropolita lata sit, appellatio datur ad antiquiorem suffraganeum; et adversus sententiam alius Episcopi qui auctoritatem superiorem infra Romanum Pontificem non habet, appellatio datur ad Episcopum ab eodem stabiliter selectum.

§ 4. Si appellatio mere dilatoria evidenter appareat, Metropolita vel Episcopus de quo in § 3, vel Decanus Rotae Romanae, eam a limine decreto suo reiciat; si autem admissa fuerit, causa ad ordinarium tramitem in altero gradu remittatur.

第1684条　略式手続きが導入される訴状には、第1504条に規定されている事柄の他に、次の要件が備えられていなければならない。

1. 訴えの根拠としている事実が簡略に、全面的に、そして明確に陳述されていること。
2. 裁判官によって直ちに入手可能な証拠が示されていること。
3. 訴えの根拠となる文書が同封されていること。

第1685条　法務代理は、争点の定式を定めた決定書によって、調査官と陪席補佐人を指名し、第1686条に従って30日以内に開かれる法廷に、これに関係するすべての者を召喚しなければならない。

第1686条　調査官はできる限り、証拠を唯一回の会期で収集し、もしそれらがあるならば、絆の擁護のための意見書、又は当事者側の抗弁書提出のために、15日間の期間を定める。

第1687条　(1) 訴訟記録を受け取った後、教区司教は、調査官及び陪席補佐人と協議したうえで、また絆の保護官、及びそれがある場合には当事者たちの弁護人の意見書を熟慮したうえで、婚姻無効についての社会通念上の確信が得られたならば判決を下す。そうでない場合は、訴訟を通常の手順に差し戻さなければならない。

(2) 判決文全体は、判決理由とともに、可及的速やかに当事者たちに通知しなければならない。

(3) 司教からの判決に対する異議申し立ては、管区大司教又はローマ控訴院へ上訴できる。また判決が管区大司教自身によって下された場合、上訴は当該管区に属する司教のうち叙階順のより早い者に対して与えられる。ローマ教皇以外に上位権威者を持たない司教の判決に対しては、その司教によって恒常的に選択された司教に上訴できる。

(4) 上訴が単に遅滞をもたらすためであることが明白となった場合、管区大司教、又は第3項に示された司教又はローマ控訴院裁判長は、自己の決定書によって上訴を却下しなければならない。しかし上訴が受理された場合には、訴訟は通常の手順で次の審級に付託されなければならない。

Art. 6 - De processu documentali

Can. 1688 - Recepta petitione ad normam can. 1676 proposita, Episcopus dioecesanus vel Vicarius iudicialis vel Iudex designatus potest, praetermissis sollemnitatibus ordinarii processus sed citatis partibus et cum interventu defensoris vinculi, matrimonii nullitatem sententia declarare, si ex documento, quod nulli contradictioni vel exceptioni sit obnoxium, certo constet de exsistentia impedimenti dirimentis vel de defectu legitimae formae, dummodo pari certitudine pateat dispensationem datam non esse, aut de defectu validi mandati procuratoris.

Can. 1689 - § 1. Adversus hanc declarationem defensor vinculi, si prudenter existimaverit vel vitia de quibus in can. 1688 vel dispensationis defectum non esse certa, appellare debet ad iudicem secundae instantiae, ad quem acta sunt transmittenda quique scripto monendus est agi de processu documentali.

§ 2. Integrum manet parti, quae se gravatam putet, ius appellandi.

Can. 1690 - Iudex alterius instantiae, cum interventu defensoris vinculi et auditis partibus, decernet eodem modo, de quo in can. 1688, utrum sententia sit confirmanda, an potius procedendum in causa sit iuxta ordinarium tramitem iuris; quo in casu eam remittit ad tribunal primae instantiae.

Art. 7 - Normae generales

Can. 1691 - § 1. In sententia partes moneantur de obligationibus moralibus vel etiam civilibus, quibus forte teneantur, altera erga alteram et erga prolem, ad sustentationem et educationem praestandam.

§ 2. Causae ad matrimonii nullitatem declarandam, processu contentioso orali, de quo in cann. 1656-1670, tractari nequeunt.

§ 3. In ceteris quae ad rationem procedendi attinent, applicandi sunt, nisi rei

第6節　文書による訴訟

第1688条　第1676条の規定に従って提起された訴状を受理した後、教区司教又は法務代理、又は指名された裁判官は、通常の訴訟手続きの形式を省略して、当事者双方を召喚し、絆の保護官の立ち会いのもとに、婚姻無効の判決を言い渡すことができる。ただし、反論も異議申し立てもできない文書から無効障害の存在、又は適法の形式の欠如が証明され、同時にそれと同じ確実さで、障害の免除が与えられなかったこと、あるいは代理人に有効な委任状が欠如していたことが明らかとなった場合に限られる。

第1689条　(1) この言い渡しに対して絆の保護官は、熟慮のうえ、第1688条に述べられた欠陥にせよ、免除の欠如にせよ、確実でないと判断した場合、第二審の裁判官に上訴し、この裁判官に訴訟記録を転送し、書面をもって文書による訴訟で行われたことを注意しなければならない。

(2) 損害を受けたと考える当事者には上訴する権利がある。

第1690条　第二審の裁判官は、絆の保護官の介入のもとに、両当事者の意見を聴いたうえで、第1688条に述べられた様式と同じく判決を再認すべきか、又はむしろ法所定の通常の形式によって手続きを進めるべきかを判断しなければならない。後者の場合、第一審の裁判所に差し戻す。

第7節　本章の通則

第1691条　(1) 判決においては両当事者に、一方が他方に対して、また子に対して負っている、扶養及び教育をほどこすための倫理上又は国家法上の義務について、注意を喚起しなければならない。

(2) 婚姻無効宣言のための訴訟は、第1656条から第1670条に規定される、口頭の民事訴訟によって取り扱うことができない。

(3) その他の訴訟の進め方に関しては、事物の性質から妨げのない限り、

natura obstet, canones de iudiciis in genere et de iudicio contentioso ordinario, servatis specialibus normis circa causas de statu personarum et causas ad bonum publicum spectantes.

* * *

Dispositio can. 1679 applicabitur sententiis matrimonii nullitatem declarantibus publicatis inde a die quo hae Litterae vim obligandi sortientur.

Praesentibus adnectitur ratio procedendi, quam duximus ad rectam accuratamque renovatae legis applicationem necessariam, studiose ad fovendum bonum fidelium servanda.

Quae igitur a Nobis his Litteris decreta sunt, ea omnia rata ac firma esse iubemus, contrariis quibusvis, etiam specialissima mentione dignis, non obstantibus.

Gloriosae et benedictae semper Virginis Mariae, Matris misericordiae, et beatorum Apostolorum Petri et Pauli intercessioni actuosam exsecutionem novi matrimonialis processus fidenter committimus.

Datum Romae, apud S. Petrum, die XV mensis Augusti, in Assumptione Beatae Mariae Virginis, anno MMXV, Pontificatus Nostri tertio.

Franciscus

人の身分及び公益に関する訴訟についての特別規定を踏まえたうえで、裁判一般及び通常の民事裁判についての条文を適用しなければならない。

＊　＊　＊

　第1679条の規定は、この「自発教令」が拘束力を持ち始める日以降に婚姻無効を宣言する判決に適用されるものとします。

　この文書は、信者の善益を保護するために誠実に順守されなければならない刷新された法律が、正確かつ慎重に適用されるために必要とされる裁判規定と結び合わされています。

　いかなる反対の規定にもかかわらず、またそれが、たとえ特別な言及に値するものであっても、この「自発教令」によって定められた事柄が有効であり、効果を持つものとなるよう命じます。

　光栄ある祝福された終生処女マリア、あわれみの御母、及び聖ペトロと聖パウロに信頼を込めて、新しい婚姻手続きが積極的に遂行されるよう取り次ぎをゆだねます。

　ローマ、聖ペトロの傍らにて、教皇在位第3年、2015年8月15日、聖母の被昇天の祭日に

フランシスコ

Ratio procedendi in causis ad matrimonii nullitatem declarandam

III Coetus Generalis Extraordinarius Synodi Episcoporum mense octobri anni 2014 habitus difficultatem fidelium adeundi Ecclesiae tribunalia perspexit. Quoniam vero Episcopus, sicut bonus Pastor, subditos suos speciali cura pastorali egentes obire tenetur, una cum definitis normis ad processus matrimonialis applicationem, visum est, pro comperta habita Petri Successoris Episcoporumque conspiratione in legis notitia propaganda, instrumenta quaedam praebere ut tribunalium opus respondere valeat fidelibus veritatem declarari postulantibus de exsistentia annon vinculi sui collapsi matrimonii.

Art. 1 - Episcopus vi can. 383 § 1 animo apostolico prosequi tenetur coniuges separatos vel divortio digressos, qui propter suam vitae condicionem forte a praxi religionis defecerint. Ipse igitur cum parochis (cfr. can. 529 § 1) sollicitudinem pastoralem comparticipatur erga hos christifideles in angustiis constitutos.

Art. 2 - Investigatio praeiudicialis seu pastoralis, quae in structuris paroecialibus vel dioecesanis recipit christifideles separatos vel divortio digressos de validitate sui matrimonii dubitantes vel de nullitate eiusdem persuasos, in eum finem vergit ut eorum condicio cognoscatur et colligantur elementa utilia ad processum iudicialem, ordinarium an breviorem, forte celebrandum. Quae investigatio intra pastorale opus dioecesanum de matrimonio unitarium evolvetur.

Art. 3 - Eadem investigatio personis concredetur ab Ordinario loci idoneis habitis, competentiis licet non exclusive iuridico-canonicis pollentibus. Inter eas habentur in primis parochus proprius vel is qui coniuges ad nuptiarum celebrationem praeparavit. Munus hoc consulendi committi potest etiam aliis clericis, consecratis vel laicis ab Ordinario loci probatis.

婚姻無効訴訟を扱うための手続き規則

2014年10月に開催された世界代表司教会議第3回臨時総会は、信者が教会の裁判所に近づくうえでの困難を確認した。司教はよき牧者として、自己の信者たちに身近な存在になるための特別な司牧的配慮が求められる。婚姻訴訟の詳細な規範を適用するという義務に関しても、ペトロの後継者と司教たちが協力して法律の理解を広め、協働を確かなものとするためによい機会ではないかと思われる。つまり、裁判所は、破綻してしまった婚姻の絆の有無について、真理の確認を求める者に何らかの手段を提供し、信者の必要に応じることができるようになるだろう。

第1条　　　教会法第383条第1項に基づき、司教には、彼らの生活の境遇の理由で信仰実践を放棄して、別居又は離婚した配偶者たちを、使徒的精神をもって見守る義務がある。それゆえ司教は、これらの困難にある信者たちへの司牧的配慮を主任司祭（第529条第1項参照）と分かち合う。

第2条　　　小教区又は教区組織において、自己の婚姻の有効性を疑い、その無効を確信し、別居又は離婚している信者の請願を受け付けるための予備調査、すなわち司牧的調査は、彼らの状況を見極めることと、通常の又は略式の訴訟手続きの際に有用となる材料を収集することに向けられる。そのような調査は、教区の一元的な婚姻司牧の職域において行われる。

第3条　　　この調査は、法的に教会法上の専門資格を備えた者だけでなく、地区裁治権者によって適性を認められた人物にも委任される。それらの人物とは、まず第一に、それぞれの主任司祭、あるいは配偶者たちを婚姻挙式に向けて準備した者である。この職務を助ける務めは、地区裁治権者によって認められた他の聖職者や奉献者、または信徒に託すことができる。

教区、あるいは複数の諸教区は、合同でこの仕事を行う安定した組織を設

Dioecesis, vel plures dioeceses simul, iuxta praesentes adunationes, stabilem structuram constituere possunt per quam servitium hoc praebeatur et componere, si casus ferat, quoddam Vademecum elementa essentialia ad aptiorem indaginis evolutionem referens.

Art. 4 - Investigatio pastoralis elementa utilia colligit ad causae introductionem coram tribunali competenti a coniugibus vel eorum patrono forte faciendam. Requiratur an partes consentiant ad nullitatem petendam.

Art. 5 - Omnibus elementis collectis, investigatio perficitur libello, si casus ferat, tribunali competenti exhibendo.

Art. 6 - Cum Codex iuris canonici undique applicandus sit, salvis specialibus normis, etiam in matrimonialibus processibus, ad mentem can. 1691 § 3, praesens ratio non intendit summam totius processus minute exponere, sed praecipuas legis innovationes potissimum illustrare et ubi oporteat complere.

Titulus I - De foro competenti et de tribunalibus

Art. 7 - § 1. Tituli competentiae de quibus in can. 1672 aequipollentes sunt, servato pro posse principio proximitatis inter iudicem et partes.

§ 2. Per cooperationem autem inter tribunalia ad mentem can. 1418 caveatur ut quivis, pars vel testis, processui interesse possit minimo cum impendio.

Art. 8 - § 1. In dioecesibus quae proprio tribunali carent, curet Episcopus ut quam primum, etiam per cursus institutionis permanentis et continuae, a dioecesibus earumdemve coetibus et a Sede Apostolica in propositorum communione promotos, personae formentur quae in constituendo tribunali pro causis matrimonialibus operam navare valeant.

立し、必要な場合はより適切な調査遂行のための基本的な材料を記載した「手引き書」(Vademecum) を編集する。

第4条　　司牧的調査は、配偶者又はその弁護人によって管轄裁判所に提出される訴訟に有用な材料を収集する。当事者たちが無効訴訟に同意しているかどうかを確認する。

第5条　　すべての材料を収集したら、必要があれば管轄裁判所に提出するための訴状を作成して調査は終了する。

第6条　　第1691条第3項に従い、特別な規定を除いて、婚姻訴訟においても、教会法典がすべての局面において適用されなければならないことから、この規則は手続き全体の細部にわたって説明するものではなく、特に主要な法律上の改正点のみを明確にし、必要な箇所において補足するためのものである。

第1部　管轄権のある裁判所とその他の裁判所

第7条　　(1) 第1672条に列挙された管轄権は、裁判官と当事者たちとの「近接の原理」(principium proximitatis) を順守できている限りにおいて同等である。

(2) 第1418条に基づき、諸裁判所間の協力をとおして、当事者であれ証人であれ、誰でも、最小限の経費によって裁判に出廷できることを保障しなければならない。

第8条　　(1) 固有の裁判所を持たない教区においては、司教は、自己の教区又は諸教区の集まり、そして使徒座から共通目的のために推薦された婚姻訴訟の裁判所を組織するために協力できる人材を、可及的速やかに、生涯養成や継続養成をとおしてでも養成し、自ら最初の法廷を設置するよう取り計らうべきである。

§ 2. Episcopus a tribunali interdioecesano ad normam can. 1423 constituto recedere valet.

Titulus II - De iure impugnandi matrimonium

Art. 9 - Si coniux moriatur durante processu, causa nondum conclusa, instantia suspenditur donec alter coniux vel alius, cuius intersit, instet pro prosecutione; quo in casu legitimum interesse probandum est.

Titulus III - De causae introductione et instructione

Art. 10 - Iudex petitionem oralem admittere potest, quoties pars libellum exhibere impediatur: ipse tamen notarium iubeat scriptis actum redigere qui parti legendus est et ab ea probandus, quique locum tenet libelli a parte scripti ad omnes iuris effectus.

Art. 11 - § 1. Libellus tribunali dioecesano vel interdioecesano ad normam can. 1673, § 2 electo exhibeatur.

§ 2. Petitioni non refragari censetur pars conventa quae sese iustitiae tribunalis remittit vel, iterum rite citata, nullam praebet responsionem.

Titulus IV - De sententia, de eiusdem impugnationibus et exsecutione

Art. 12 - Ad certitudinem moralem iure necessariam, non sufficit praevalens probationum indiciorumque momentum, sed requiritur ut quodlibet quidem prudens dubium positivum errandi, in iure et in facto, excludatur, etsi mera contrarii possibilitas non tollatur.

（2）司教は、第1423条の規定に従って設立された、諸教区合同裁判所から脱退することができる。

第2部　婚姻無効訴訟権

第9条　　　裁判手続き中、結審に至る前に配偶者が死亡した場合、他方の配偶者または関係者が継続を請求しない限り審議は停止される。継続が請求される場合、適法な理由が存在することを証明しなければならない。

第3部　訴訟の開始と準備手続き

第10条　　　裁判官は、当事者が訴状提出を妨げられる場合には、いつでも口頭による訴えを認めることができる。しかし裁判官は、公証官に命じてこれを書面にし、当事者に読み聞かせてその承認を得なければならない。これは、当事者によって記された訴状の代替として十全な法律効果を持つ。

第11条　　　（1）訴状は教区の裁判所、又は第1673条第2項の規定に従って選択された諸教区合同裁判所に提出されなければならない。
　（2）相手当事者が裁判所の判定に身を委ねるか、適法に再度召喚された後も何ら回答を寄せない場合、訴えに反対しないものと解釈される。

第4部　判決とその執行並びに判決への異議申し立て

第12条　　　法に定められた社会通念上の確実性に到達するためには、主要な重要性を持つ直接証拠や状況証拠だけでは十分ではなく、法においても事実においても、積極的な錯誤の疑いはすべて、たとえ単なる反対の可能性であったとしても、慎重に排除される必要がある。

Art. 13 - Si pars expresse declaraverit se quaslibet notitias circa causam recusare, censetur se facultati obtinendi exemplar sententiae renuntiasse. Quo in casu, eidem notificari potest dispositiva sententiae pars.

Titulus V - De processu matrimoniali breviore coram Episcopo

Art. 14 - § 1. Inter rerum et personarum adiuncta quae sinunt causam nullitatis matrimonii ad tramitem processus brevioris iuxta cann. 1683-1687 pertractari, recensentur exempli gratia: is fidei defectus qui gignere potest simulationem consensus vel errorem voluntatem determinantem, brevitas convictus coniugalis, abortus procuratus ad vitandam procreationem, permanentia pervicax in relatione extraconiugali tempore nuptiarum vel immediate subsequenti, celatio dolosa sterilitatis vel gravis infirmitatis contagiosae vel filiorum ex relatione praecedenti vel detrusionis in carcerem, causa contrahendi vitae coniugali omnino extranea vel haud praevisa praegnantia mulieris, violentia physica ad extorquendum consensum illata, defectus usus rationis documentis medicis comprobatus, etc.

§ 2. Inter instrumenta quae petitionem suffulciunt habentur omnia documenta medica quae evidenter inutilem reddere possunt peritiam ex officio exquirendam.

Art. 15 - Si libellus ad processum ordinarium introducendum exhibitus sit, at Vicarius iudicialis censuerit causam processu breviore pertractari posse, in notificando libello ad normam can. 1676 § 1, idem partem conventam quae eum non subscripserit invitet, ut tribunali notum faciat num ad petitionem exhibitam accedere et processui interesse intendat. Idem, quoties oporteat, partem vel partes quae libellum subscripserint invitet ad libellum quam primum complendum ad normam can. 1684.

Art. 16 - Vicarius iudicialis semetipsum tamquam instructorem designare potest; quatenus autem fieri potest, nominet instructorem ex dioecesi originis causae.

第13条　　一方の当事者が、訴訟に関していかなる情報をも受け取ることを拒否した場合、判決文の謄本を入手することも放棄したと見なされる。このような場合、判決の主文だけを通知することができる。

第5部　司教の前での略式婚姻訴訟

第14条　　（1）人と事物の状況から、婚姻無効訴訟を第1683条から第1687条に規定される略式手続きによって扱うことができる。その例として、次のものが挙げられる。同意の偽装を引き起こし得る信仰の欠如、もしくは意思を決定するうえでの錯誤を引き起こし得る信仰の欠如；夫婦としての共同生活の短さ；出産を妨げるための堕胎；婚姻時又はその直後における配偶者以外との関係をかたくなに持続すること；不妊又は伝染性の重い病気、又は以前の関係から生まれた子ども、又は過去の服役について故意に隠すこと；結婚の原因が、夫婦としての生活と全く異質のもの、又は女性側の予想外の妊娠であったこと；同意を強要するために加えられた物理的暴力；医師の診断書によって裏付けられた理性の働きの欠如、などである。

（2）医師による診断書類のすべてが、訴えを支持する書証の中に含まれる。それらの書類は、職権による鑑定の取得を無用とする。

第15条　　通常の手続きを開始するための訴状が提出されても、法務代理は、訴訟が略式手続きによって扱われ得ると考えた場合、そして提出された訴えに相手当事者が署名していないのであれば、第1676条第1項の規定による相手方への訴状の通知において、相手当事者も訴訟に参加する意向があるかどうかを裁判所に知らせるよう求める。法務代理は、必要と思われる場合にはいつでも、訴状に署名した当事者の一方か双方に、第1684条の規定に従って、訴状を補完するよう招かなければならない。

第16条　　法務代理は、自身を調査官として指名することができる。しかし、できる限り、訴訟の発端となった教区から調査官を指名すべきである。

Art. 17 - In citatione ad mentem can. 1685 expedienda, partes certiores fiant se posse, tribus saltem ante sessionem instructoriam diebus, articulos argumentorum, nisi libello adnexi sint, exhibere, super quibus interrogatio partium vel testium petitur.

Art. 18 - § 1. Partes earumque advocati assistere possunt excussioni ceterarum partium et testium, nisi instructor, propter rerum et personarum adiuncta, censuerit aliter esse procedendum.

§ 2. Responsiones partium et testium redigendae sunt scripto a notario, sed summatim et in iis tantummodo quae pertinent ad matrimonii controversi substantiam.

Art. 19 - Si causa instruitur penes tribunal interdioecesanum, Episcopus qui sententiam pronuntiare debet est ille loci, iuxta quem competentia ad mentem can. 1672 stabilitur. Si vero plures sint, servetur pro posse principium proximitatis inter partes et iudicem.

Art. 20 - § 1. Episcopus dioecesanus pro sua prudentia statuat modum pronuntiationis sententiae.

§ 2. Sententia, ab Episcopo utique una cum notario subscripta, breviter et concinne motiva decisionis exponat et ordinarie intra terminum unius mensis a die decisionis partibus notificetur.

Titulus VI - De processu documentali

Art. 21 - Episcopus dioecesanus et Vicarius iudicialis competentes determinantur ad normam can. 1672.

第17条　　第1685条に基づいて召喚する際に、両当事者は、当事者又は証人の尋問において尋ねてほしい内容の項目が訴状に添付されていない場合には、その項目を訴状審査の3日前までに提出することができる。

第18条　　(1) 調査官が、人と事物の状況から、別様に進めるべきと判断しない限り、両当事者及び弁護人は、相手当事者及び証人の尋問に立ち会うことができる。

(2) 両当事者及び証人の回答は、公証官によって書面に起草されなければならない。しかし、争われている婚姻の内容に触れるものだけを要約する。

第19条　　訴訟の準備手続きが諸教区合同の裁判所で行われた場合、判決を言い渡さなければならない司教は、第1672条に基づいて管轄権を定められた地の司教である。それが複数である場合、両当事者と裁判官の「近接の原理」をできる限り順守しなければならない。

第20条　　(1) 教区司教は、自己の賢明な判断に従って、判決を言い渡す様式を定めなければならない。

(2) 判決は、どのような場合でも公証官とともに司教が署名し、判決理由を短く順序正しく述べ、通常は判決日から1か月以内に両当事者に通知しなければならない。

第6部　文書による訴訟

第21条　　権限を有する教区司教及び法務代理は、第1672条の規定に従って管轄権を決定する。

本使徒的書簡は、2015年9月8日、聖マリアの誕生の祝日にバチカンにおいて発表された。

※訳注＝現行法では、exsecutiva（執行）と iudicata（既判力のある判決）を概念上、区別している。今回の自発教令によって新たにされた婚姻無効訴訟の手続きに関する条文では、本来ならば iudicata とすべきところを、exsecutiva を用いている。したがって、現行法の exsecutiva の意味と比べ、概念が広まったと解釈し、従来のとおり、「執行」と訳した。

付　　録

1 これまでに改訂された教会法条文

Can. 750 - § 2. Firmiter etiam amplectenda ac retinenda sunt omnia et singula quae circa doctrinam de fide vel moribus ab Ecclesiae magisterio definitive proponuntur, scilicet quae ad idem fidei depositum sancte custodiendum et fideliter exponendum requiruntur; ideoque doctrinae Ecclesiae catholicae adversatur qui easdem propositiones definitive tenendas recusat.

第750条 （2）さらに，信仰及び道徳上の教えに関して，教会の教導職が確定的に提示するすべての，そして個々のことがらを，すなわち，信仰の遺産を大切に保全し忠実に明示するために必要とされることがらを，確固として受け容れ保持しなければならない。それゆえ，確定的なものとして保持すべきそれらの命題を否定する者は，カトリックの教えに反することになる。（ヨハネ・パウロ二世自発教令 *Ad tuendam fidem*, 1998 年 5 月 18 日改訂）

　注：第750条に第2項を追加したため、これまでの第750条は第1項となる。

Can. 1008 - Sacramento ordinis ex divina institutione inter christifideles quidam, charactere indelebili quo signantur, constituuntur sacri ministri, qui nempe consecrantur et deputantur ut, pro suo quisque gradu, novo et peculiari titulo Dei populo inserviant.

第1008条 神の制定による叙階の秘跡によって，キリスト信者のなかのある者は，消えない霊印で刻印され，聖務者とされる。すなわちその者は，各々その叙階に応じて，新たな固有の資格で，神の民に奉仕するように聖別され任命される。（ベネディクト十六世自発教令 *Omnium in mentem,* Art. 1: 2009 年 10 月 26 日改訂）

1 これまでに改訂された教会法条文　　43

Can. 1009 - § 3　Qui constituti sunt in ordine episcopatus aut presbyteratus missionem et facultatem agendi in persona Christi Capitis accipiunt, diaconi vero vim populo Dei serviendi in diaconia liturgiae, verbi et caritatis.

第 1009 条　　（3）司教職又は司祭職に叙階された者は，かしらであるキリストの位格において働く使命と権限とを受け取る。助祭は，典礼とみことばと愛の奉仕によって，神の民に仕える力を受ける。（*Omnium in mentem*, Art. 2: 2009 年 10 月 26 日改訂）

Can. 1086 - § 1　Matrimonium inter duas personas, quarum altera sit baptizata in Ecclesia catholica vel in eandem recepta, et altera non baptizata, invalidum est.

第 1086 条　　（1）婚姻の両当事者のうち、一方がカトリック教会で受洗したか，又はカトリック教会に受け入れられた者で，他方が非受洗者である場合には，その婚姻は無効である。（*Omnium in mentem*, Art. 3: 2009 年 10 月 26 日改訂）

Can. 1117 - Statuta superius forma servanda est, si saltem alterutra pars matrimonium contrahentium in Ecclesia catholica baptizata vel in eandem recepta sit, salvis praescriptis can. 1127, § 2.

第 1117 条　　以上に定められた方式が順守されなければならないのは，婚姻契約締結当事者の少なくとも一方がカトリック教会で受洗したか又はカトリック教会に受け入れられている場合である。ただし，第 1127 条第 2 項の規定の適用を妨げない。（*Omnium in mentem*, Art. 4: 2009 年 10 月 26 日改訂）

44 1 これまでに改訂された教会法条文

Can. 1124 - Matrimonium inter duas personas baptizatas, quarum altera sit in Ecclesia catholica baptizata vel in eandem post baptismum recepta, altera vero Ecclesiae vel communitati ecclesiali plenam communionem cum Ecclesia catholica non habenti adscripta, sine expressa auctoritatis competentis licentia prohibitum est.

第 1124 条　受洗者間での婚姻は，その婚姻の一方の当事者がカトリック教会で受洗したか又は受洗後カトリック教会に受け入れられた者で，他方の当事者がカトリック教会との完全な交わりをもたない教会又は教会的団体に所属する者である場合には，権限ある権威者の明示的許可がない限り禁止される。(*Omnium in mentem*, Art. 5: 2009 年 10 月 24 日改訂)

Can. 1371 - Iusta poena puniatur:

1° qui, praeter casum de quo in can. 1364 § 1, doctrinam a Romano Pontifice vel a Concilio Oecumenico damnatam docet vel doctrinam, de qua in can. 750 § 2 vel in can. 752, pertinaciter respuit, et ab Apostolica Sede vel ab Ordinario admonitus non retractat;

第 1371 条　以下の者は，正当な刑罰によって処罰されなければならない。

1．第 1364 条第 1 項のほか，ローマ教皇又は公会議によって断罪された教説を教える者，又は第 750 条第 2 項もしくは第 752 条規定の教理を頑固に拒絶する者で，かつ使徒座又は裁治権者の警告にもかかわらず改めない者。(*Ad tuendam fidem*, 1998 年 5 月 18 日改訂)

注：第 1371 条の内容に変更はないが、規定する条文が追加された。

2 『カトリック新教会法典』の羅語誤植の訂正

Can. 672 - Religiosi adstringuntur praescriptis cann. 277, 285, 286, 287 et 289, et religiosi clerici insuper praescriptis can. 279, § 2; in institutis laicalibus iuris pontificii, licentia de qua in **can. 285**, § 4, concedi potest a proprio Superiore maiore.

注：can. 225 となっているため訂正する。

Can. 729 - Sodalis ab instituto dimittitur ad normam cann. 694 et 695 constitutiones praeterea determinent alias causas dimissionis, **dummodo sint proportionate graves, externae, imputabiles et iuridice comprobatae, atque modus procedendi servetur in cann. 697-700 statutus**. Dimisso applicatur praescriptum can. 701.

注：a Sede Apostolica per Moderatorem supremum petat, si institutum est iuris pontificii; secus etiam ab Episcopo dioecesano, prout in constitutus. となっているため訂正する。

Can. 1455 - § 1. In iudicio poenali semper, in contentioso autem si ex revelatione alicuius actus processualis praeiudicium partibus obvenire possit, iudices et tribunalis **adiutores** tenentur ad secretum officii servandum.

注：auditores となっているため訂正する。

3 『カトリック新教会法典』日本における 教会法施行細則への追加事項

教皇庁福音宣教省は 2015 年 9 月 28 日付で、これらを承認した。
（Prot. 3607/15）

Can. 276 - § 2. 3° De obligatione qua diaconi permanentes ad 'Liturgiam Horarum' persolvendi tenentur

Diaconi permanentes cotidie Laudes matutinas et Vesperas, secundum proprios et probatos libros, orandi obligatione tenentur.

Explicatio. Cum in Iaponia diaconi permanentes, praeter officium quo in Ecclesia funguntur, persaepe in aliis etiam occupationibus ad familiam suam sustentandam adlaborent, statutum est ut tantum ad Liturgiam Laudum et Vesperarum persolvendi obligatione teneantur.

第 276 条第 2 項第 3 号　終身助祭のための「教会の祈り」義務に関する規定

終身助祭は、認可された固有の典礼に従って、毎日「教会の祈り」の中の朝と晩の祈りを唱える義務を有する。

説明：日本の終身助祭は、教会以外などに勤務している場合が多いため、朝晩の祈りのみとした。

Can. 772 - § 2 et Can. 831 - § 2 De allocutionibus via radiophonica vel televisifica ad doctrinam catholicam vel ad mores pertinentibus

Qui via radiophonica vel televisifica quaestiones ad doctrinam catholicam vel ad mores attinentes pertractant, Ordinarii loci proprii vel Ordinarii loci emissionis radiophonicae seu televisificae licentia egent. Sodales Institutorum Religiosorum

3 『カトリック新教会法典』日本における教会法施行細則への追加事項　47

et Societatum Vitae Apostolicae etiam proprii Superioris Maioris licentia indigent.

第772条第2項及び第831条第2項　ラジオ、テレビでの教話に関する規定

ラジオ、テレビジョンを通じてカトリックの教え又は道徳に関する問題を取り扱う者は、その者が所属する裁治権者、あるいは放送局の所在地の裁治権者の許可を必要とする。修道会と使徒的生活の会の会員は、それぞれの上長からも許可を得なければならない。

Can. 1231 et Can. 1232 - §1 De locis qui 'Sanctuaria nationalia' nuncupantur

a) Ut Ssanctuarium, accedente adprobatione Conferentiae Episcoporum Iaponiae, nationale nuncupari possit, requiritur ut prius ab Ordinario loci tamquam sanctuarium dioecesanum adprobatum fuerit. Eiusdem Ordinarii loci est petitionem facere ut sanctuarium dioecesanum tamquam nationale a Conferentia Episcoporum adprobetur.

b) Ordinarius loci qui petitionem facit ut sanctuarium aliquod tamquam nationale a Conferentia Episcoporum declaretur, normas secundum quas sanctuarium illud tamquam dioecesanum adprobaum fuerit, manifestare tenetur.

第1231条及び第1232条第1項　国の巡礼所に関する規定

a) 日本カトリック司教協議会の承認を必要とする国の巡礼所となるための要件は、教区の巡礼所として当該地区裁治権者の承認を得ていることである。国の巡礼所としての承認の申請者は当該地の裁治権者である。

b) 国の巡礼所の申請を行う裁治権者は、教区において承認されている巡礼所に関する規則を提出しなければならない。

Can. 1421 - §2 De deputatione alicuius fidelis laici ad officium iudicis persolvendum

Episcopus dioecesanus fideles laicos iudices constituere potest, e quibus, necessitate suadente, unus assumi potest ad collegium efformandum.

第1421条第2項　信徒の裁判官採用の規定

教区司教は、信徒を裁判官に任命することができる。必要な場合は、合議制裁判所の構成員のひとりとすることができる。

Can. 522. De parocho qui ad certum tempus tantum nominari potest

Si necessitas id suadeat, potest Episcopus dioecesanus ad certum tempus tantum parochum nominare. Statuto tempore expleto, sacerdos iterum ad idem officium deputari potest, vel ad aliud transferri. (Cf. Can. 538 - § 1)

第522条　主任司祭の任命期間に関する規定

教区司教が必要と認めた場合のみ、教区司教は一定の期間に限って主任司祭を任命することができる。所定の期間が満了したら、その司祭は同じ職務に再任されるか、もしくは他の職務に転任される可能性がある。（第538条第1項参照）